Wilhelm A. Kewenig

Entwicklungslinien des völker- und staatsrechtlichen Status von Berlin

Schriftenreihe
der
Juristischen Gesellschaft zu Berlin

Heft 88

1984
Walter de Gruyter · Berlin · New York

Entwicklungslinien des völker- und staatsrechtlichen Status von Berlin

Von
Wilhelm A. Kewenig

Vortrag
gehalten vor der
Juristischen Gesellschaft zu Berlin
am 15. Februar 1984

1984
Walter de Gruyter · Berlin · New York

Prof. Dr. jur. Wilhelm A. Kewenig
Senator für Wissenschaft und Forschung, Berlin

CIP-Kurztitelaufnahme der Deutschen Bibliothek

Kewenig, Wilhelm A.:
Entwicklungslinien des völker- und staatsrechtlichen Status von Berlin : Vortrag, gehalten vor d. Jur. Ges. zu Berlin am 15. Februar 1984 / von Wilhelm A. Kewenig. – Berlin ; New York : de Gruyter, 1984.
(Schriftenreihe der Juristischen Gesellschaft zu Berlin ; H. 88)
ISBN 3-11-010224-2
NE: Juristische Gesellschaft ⟨Berlin, West⟩: Schriftenreihe der Juristischen …

Printed in Germany
Satz und Druck: Saladruck, Berlin 36
Bindearbeiten: Verlagsbuchbinderei Dieter Mikolai, Berlin 10

1. Einleitung – Fragestellung

Es hat in der jüngsten Vergangenheit vor allem zwei Anstöße gegeben, sich erneut mit Statusfragen Berlins zu beschäftigen. Der eine Anstoß kam aus dem politischen Bereich. Ich nehme Bezug auf den Besuch des damaligen Regierenden Bürgermeisters von Berlin, Richard von Weizsäcker, beim DDR-Staatsratsvorsitzenden Erich Honecker am 15. September 1983. Der zweite Anstoß kam aus dem wissenschaftlichen Bereich. Ich verweise auf den Aufsatz meines Berliner Kollegen Graf Pestalozza mit dem Titel „Berlin – Ein deutsches Land“ in der Zeitschrift „Juristische Schulung“[1] sowie auf die Entgegnung von Herrn Kollegen Sendler, dem Präsidenten des Bundesverwaltungsgerichtes, in der gleichen Zeitschrift[2]. Der erstgenannte Anstoß hat ein außerordentliches Echo in der Öffentlichkeit ausgelöst. Es gab viel Zustimmung, aber auch einige Bedenken[3]. Der zweite Anstoß hat, weit ab von der allgemeinen Öffentlichkeit, das Interesse der juristischen Fachwelt erneut auf den Problembereich gerichtet.

Im Falle des Weizsäcker-Besuches hat sich die Diskussion in den Medien vor allem auf die politischen Hoffnungen konzentriert, die sich mit diesem Besuch verbunden haben. Aber auch Statusfragen spielten in dieser Diskussion eine gewisse Rolle. So wurden etwa in der FAZ statusrechtlich begründete Bedenken gegen die Art und Weise des Besuches angemeldet. Man gab der Befürchtung Ausdruck, daß dieser „innerdeutsche Alleingang“ einer Intensivierung der Bindungen zwischen dem westlichen Teil der Stadt und der Bundesrepublik nicht besonders förderlich sei, sondern im Gegenteil die These Ost-Berlins von der „selbständigen politischen Einheit West-Berlin“ zum Nachteil des freien Teils der Stadt stärke[4].

---

[1] Juristische Schulung 23 (1983), 241 ff.

[2] Berlin – nur ein „deutsches Land“?, Juristische Schulung 23 (1983), 903 ff.

[3] Die Berliner und die westdeutschen Tageszeitungen berichten am 16./17. September 1983 ausführlich über diesen Besuch und kommentieren ihn fast ausnahmslos.

[4] So z. B. die kritischen Kommentare „Pilgerfahrten“ und „... nicht unter den Linden“ in der FAZ vom 16. bzw. 17. September 1983. Die FAZ behielt ihre kritische Position bei: Vgl. etwa den Leitartikel „Innerdeutsche Alleingänge“ von *Ernst-Otto Maetzke* in der FAZ vom 4. Oktober 1983 und den Bericht „Weizsäckers Fehler beginnt sich zu rächen“ von *Peter Jochen Winters* in der FAZ vom 27. Oktober 1983.

Gegenstand der Erörterungen Pestalozzas und der korrigierenden Antwort Sendlers waren vor allem Grundsatzfragen, also etwa die, welchen Status der westliche Teil von Berlin denn nun wirklich habe.

Ich möchte beide Kontroversen zum Anlaß nehmen, mich mit der Statusproblematik erneut zu befassen. Dabei verfolge ich zwei Ziele. Einmal möchte ich – in Ergänzung dessen, was Herr Sendler schon geschrieben hat – mit Nachdruck der These einer unvertretbaren Widersprüchlichkeit bei der Beurteilung des Berlin-Status entgegentreten, die Pestalozza aufstellt und die er etwa folgendermaßen formuliert:

> „Westdeutsche und Westberliner müssen wissen, daß man nicht einerseits unter dem Schutzschild des internationalen Viermächtestatus' Berlin (West) lebensfähig und dem Westen verbunden halten, andererseits sich so stellen kann, als sei Berlin (West) ein Gliedstaat [der Bundesrepublik Deutschland] wie jeder andere[5]."

Wenn Pestalozza weiter meint:

> „Kein Politiker, kein Verfassungsorgan erläutert dem Bürger, was die Gliedstaat-These – abgesehen von Konflikten mit den Siegern – bringt[6],"

so möchte ich – ohne Anerkennung einer entsprechenden Rechtspflicht oder auch nur ohne Anerkennung der Richtigkeit dieser Beobachtung von Pestalozza – die geforderte Erläuterung mit der gebotenen – und möglichen – Deutlichkeit formulieren.

Mein zweites, gewichtigeres Anliegen ist, der Frage nach dem Bewegungsspielraum nachzugehen, der Berlin für Kontakte mit der anderen Seite, mit der DDR zur Verfügung steht. Ist dieser Spielraum tatsächlich so gering, wie gerne behauptet wird, und führt er tatsächlich ausnahmslos über Bonn bzw. die Ständige Vertretung, oder ist die bisherige Einschätzung dieses Spielraums außer von verständlichen, ja notwendigen politischen Rücksichten und rechtlich begründeter Bescheidung bestimmt von zwei Verhaltensregeln der deutschen Verwaltungspraxis, die nach meiner Erfahrung in Berlin unverändert erhebliche Popularität genießen, nämlich:

Das haben wir immer so gemacht.

Wo kämen wir hin, wenn wir es anders machten.

Ich halte es im Interesse Berlins und im Interesse der innerdeutschen Beziehungen, vor allem aber im Interesse einer lebendigen Entwicklung der deutschen Frage für unumgänglich, daß bei allem berechtigten – und für den Staats- und Völkerrechtler geradezu selbstverständlichen – Beharren auf unverzichtbaren Rechtspositionen gewisse Erstarrungen abge-

---

5 A. a. O. (Anm. 1), 249.

6 Ebenda, 249.

schmolzen werden und auch Berlin selbst aus seinem Rollenverständnis als bloßem Objekt der Bonner Deutschlandpolitik vorsichtig, aber doch beherzt heraustritt.

2. Der Status Berlins

Es besteht im Rahmen dieses Vortrages weder die Möglichkeit noch die Notwendigkeit, den Status Berlins in seiner ganzen Komplexität zu beschreiben. Es ist nicht notwendig, weil der Status Berlins sich, wie ich meine, durchaus klar umreißen läßt – allerdings unter zwei Voraussetzungen. Die erste Voraussetzung ist die, daß jeder, der eine Beschreibung dieses Status unternimmt, sich nacheinander den Hut des Völkerrechtlers und den des Staatsrechtlers aufzusetzen bereit ist; denn der Status von Berlin ist weder allein mit den Kategorien des Besatzungs- sprich: Völkerrechts noch allein mit denen des Staatsrechts zuverlässig beschreibbar. Die zweite Voraussetzung für die Verläßlichkeit der Beschreibung ist die, daß derjenige, der beschreibt, zusätzlich bereit ist, die von ihm erstellte völkerrechtliche und die staatsrechtliche Blaupause aufeinanderzulegen und zu versuchen, mit Hilfe der übereinandergelegten Umrisse ein möglichst genaues Bild der rechtlichen Gemengelage zu erstellen. Nur ein so erstelltes Bild hat die Chance, der Realität Berlins im geteilten Deutschland annähernd nahe zu kommen.

a) Der Status Berlins aus völkerrechtlicher Sicht

Die völkerrechtliche Rechtslage Berlins ist gekennzeichnet durch die fortbestehende, besatzungsrechtlich begründete Vier-Mächte-Verantwortung für ganz Berlin. In der westlichen Welt gibt es darüber keinen ernstzunehmenden Streit, und zwar weder in der völkerrechtlichen Theorie noch in der Staatenpraxis[7].

Aber ich meine hier als Völkerrechtler auch darüber hinaus feststellen zu können, daß spätestens seit dem Vier-Mächte-Abkommen über Berlin vom 3. September 1971 die Bemühungen der Sowjetunion und der DDR, eine andere Rechtsposition aufzubauen, daß nämlich die auch nach ihrer Ansicht fortbestehende Vier-Mächte-Verantwortung einen Schrumpfungsprozeß durchgemacht habe und nur noch für den Westteil der Stadt

---

[7] Zur Rechtslage Berlins aus völkerrechtlicher Sicht vgl. insbesondere *Schiedermair,* Die völkerrechtliche Stellung Berlins nach dem Viermächte-Abkommen vom 3. September 1971, Berlin 1975; *Zivier,* Der Rechtsstatus des Landes Berlin, 3. Aufl. Berlin 1977, jeweils mit ausführlichen Nachweisen; vgl. aus neuester Zeit etwa *Frowein,* Die Rechtslage Deutschlands und der Status Berlins, in: *Benda, Maihofer, Vogel,* Handbuch des Verfassungsrechts, Berlin 1983, 29ff.

gelte[8], eindeutig zum Scheitern verurteilt sind. Sie scheitern nicht nur am Wortlaut und an der Systematik des Vier-Mächte-Abkommens, sie scheitern auch an der Praxis aller vier Besatzungsmächte, eine Sonderstellung für sich in ganz Berlin nicht nur deklamatorisch zu fordern, sondern sie – zumindest in Ansätzen – auch tatsächlich zu praktizieren[9].

Aber selbst wenn man den Vier-Mächte-Status von ganz Berlin als zwischen den westlichen Besatzungsmächten einerseits und der Sowjetunion andererseits streitig bezeichnet und eingestehen würde, daß der den Dissens eher verdeckende als eindeutig ausräumende Wortlaut des Vier-Mächte-Abkommens der Sowjetunion zumindest eine gewisse Chance beließe, ihren Standpunkt hinsichtlich Ost-Berlins und der Herauslösung dieses Teiles der Stadt aus der übergreifenden Vier-Mächte-Verantwortung argumentativ zu vertreten: Es steht außer Frage, daß der westliche Teil der Stadt für den Völkerrechtler ein immer noch unter Besatzungsrecht stehendes Gebiet mit all den rechtlichen und faktischen Besonderheiten ist, die sich aus diesem fortbestehenden Sonderregime für seine Verwaltung ergeben. Unstreitig ist weiter, daß die Vier-Mächte-Verantwortung für ganz Berlin sich, soweit die drei westlichen Besatzungssektoren in Frage stehen, spätestens seit dem Rückzug der Sowjetunion aus Kontrollrat und Alliierter Kommandantura zu einem juristischen Mantel zurückentwickelt hat, der seit 1948 praktisch ausschließlich von den drei westlichen Besatzungsmächten ausgefüllt wird, ausgefüllt wird auf der Basis einer Erklärung der Alliierten Kommandantura vom 5. Mai 1955 und unter der Aufsicht der Botschafter der drei Westmächte bei der Bundesrepublik Deutschland. Hier und nicht bei einem deutschen Verfassungsorgan mit Sitz in Berlin oder anderswo liegt die „supreme authority“, die oberste Regierungsgewalt für den westlichen Teil Berlins[10].

b) Der Status Berlins aus staatsrechtlicher Sicht

Der erste und zugleich der wichtigste Eindruck, der sich dem staatsrechtlich behuteten Beobachter des Status von Berlin aufdrängt, ist das sowohl in Berlin selbst wie in Bonn und Karlsruhe seit 1949 feststellbare Bemühen, zunächst die ganze Stadt, später wenigstens ihren westlichen Teil möglichst eng in die föderative Struktur der Bundesrepublik

---

[8] Nachweise etwa bei *Schiedermair,* a. a. O. (Anm. 7), 10 ff.

[9] Vgl. etwa *Frowein,* a. a. O. (Anm. 7), 56, oder *Bernhardt,* Deutschland nach 30 Jahren Grundgesetz, Veröffentlichungen der Vereinigung der Deutschen Staatsrechtslehrer 38 (1980), 37.

[10] Zutreffend und präzise etwa *von Lampe* in *Pfennig-Neumann,* Verfassung von Berlin, Kommentar, Berlin 1978, Art. 1 Rdn. 7 ff.

Deutschland einzubinden[11]. Daß Berlin angesichts seiner besonderen geographischen und rechtlichen Lage kein *normales* Land der Bundesrepublik Deutschland werden konnte, war dem Verfassungsgeber in Bonn im Jahre 1949 ebenso klar wie dem in Berlin im Jahre 1950.

Die Artikel 23 und 144 Abs. 2 des Grundgesetzes bzw. 1 und 87 Abs. 1 der Berliner Verfassung sprechen insoweit eine eindeutige Sprache, und zwar sowohl hinsichtlich des Wunsches nach möglichst enger Einbindung wie hinsichtlich der offensichtlichen Grenzen, die Politik und Völkerrecht diesem Wunsch von Anfang an gesetzt haben[12]. Aber nicht nur diese grundlegenden Texte sprechen eine eindeutige Sprache. Auch die staatsrechtliche Praxis in der Bundesrepublik und in Berlin hat von Anfang an keinen Zweifel daran gelassen, daß zumindest die Einbeziehung des westlichen Teils der Stadt in den staatsrechtlichen Verbund der Bundesrepublik Deutschland die übergreifende Zielvorstellung aller Bonn und Berlin zuzuordnenden Bemühungen um den Status von Berlin ist. Symptomatisch hierfür ist etwa die Rechtsprechung des Bundesverfassungsge-

---

[11] Dazu etwa *Drath*, Die staatsrechtliche Stellung Berlins, Archiv des Öffentlichen Rechts 82 (1957), 27 ff.; *Finkelnburg*, Die Rechtsstellung Berlins im Bund, Juristische Schulung 7 (1967), 542 ff.; 8 (1968), 10 ff., 58 ff.; *Schiedermair*, Die Bindungen West-Berlins an die Bundesrepublik, Neue Juristische Wochenschrift 35 (1982), 2841 ff.

[12] Die zitierten Verfassungsbestimmungen lauten:

Art. 23 GG:

„Dieses Grundgesetz gilt zunächst im Gebiete der Länder Baden, Bayern, Bremen, Groß-Berlin, Hamburg, Hessen, Niedersachsen, Nordrhein-Westfalen, Rheinland-Pfalz, Schleswig-Holstein, Württemberg-Baden und Württemberg-Hohenzollern. In anderen Teilen Deutschlands ist es nach deren Beitritt in Kraft zu setzen."

Art. 144 Abs. 2 GG:

„Soweit die Anwendung dieses Grundgesetzes in einem der in Artikel 23 aufgeführten Länder oder in einem Teile eines dieser Länder Beschränkungen unterliegt, hat das Land oder der Teil des Landes das Recht, gemäß Artikel 38 Vertreter in den Bundestag und gemäß Artikel 50 Vertreter in den Bundesrat zu entsenden."

Art. 1 Verfassung von Berlin:

„(1) Berlin ist ein deutsches Land und zugleich eine Stadt.

(2) Berlin ist ein Land der Bundesrepublik Deutschland.

(3) Grundgesetz und Gesetze der Bundesrepublik Deutschland sind für Berlin bindend."

Art. 87 Abs. 1 Verfassung von Berlin:

„Artikel 1 Abs. 2 und 3 der Verfassung treten in Kraft, sobald die Anwendung des Grundgesetzes für die Bundesrepublik Deutschland in Berlin keinen Beschränkungen unterliegt."

Eine ausführliche Erörterung dieser Bestimmungen und ihres Zusammenhangs findet sich etwa bei *von Lampe*, a. a. O. (Anm. 10), Rdn. 22 ff.

richtes[13], in der zwar über die Jahre gewisse Akzentverschiebungen durchaus erkennbar sind, die aber jedenfalls im Ergebnis konsequent an einer Grundthese festgehalten hat: Daß der westliche Teil Berlins zwar kein normales Land der Bundesrepublik ist wie das Saarland oder Hessen, aber eben doch ein Land der Bundesrepublik – wenn auch belastet mit historischen, politischen und rechtlichen Hypotheken von erheblichem Gewicht.

Diese Hypotheken finden ihren rechtlich greifbaren Ausdruck vor allem in zwei die Besonderheiten des Status der drei West-Sektoren innerhalb der Bundesrepublik Deutschland unmißverständlich beschreibenden Texten: Einmal in dem Genehmigungsschreiben der Militärgouverneure zum Grundgesetz vom 12. Mai 1949, in dem es in Ziffer 4 u. a. heißt:

> "We interpret the effect of Articles 23 and 144 (2) of the Basic Law as constituting acceptance of our previous request that while Berlin may not be accorded voting membership in the Bundestag or Bundesrat nor be governed by the Federation she may, nevertheless, designate a small number of representatives to attend the meetings of those legislative bodies[14]."

Der zweite Text ist der Abschnitt II B des Vier-Mächte-Abkommens, der in seinem hier einschlägigen Teil lautet:

> "The Governments of the French Republic, the United Kingdom and the United States of America declare that the ties between the Western Sectors of Berlin and the Federal Republic of Germany will be maintained and developed, taking into account that these Sectors continue not to be a constituent part of the Federal Republic of Germany and not to be governed by it[15]."

Ohne hier eine eigene textkritische, den historischen Zusammenhang und die Zielvorstellungen der Vertragspartner berücksichtigende Interpretation dieser beiden Texte vornehmen zu können[16], möchte ich doch

---

[13] Übersichten etwa bei *Delbrück*, Die staatsrechtliche Stellung Berlins in der Rechtsprechung des Bundesverfassungsgerichts und der Bundesgerichte, in: Ostverträge – Berlin-Status – Münchener Abkommen, Beziehungen zwischen der Bundesrepublik Deutschland und der DDR, Kieler Symposium 1971, Hamburg 1971, 214 ff.; *Finkelnburg*, Die Rechtsprechung des Bundesverfassungsgerichts in Berliner Sachen, Archiv des Öffentlichen Rechts 95 (1970), 581 ff.; Nachweise aus jüngster Zeit bei *Sendler*, a. a. O. (Anm. 2), 908/909.

[14] Text etwa bei *von Münch*, Dokumente des geteilten Deutschlands, Band 1, 2. Aufl. Stuttgart 1976, 139.

[15] Text etwa bei *von Münch*, Dokumente des geteilten Deutschlands, Band 2 (seit 1968), Stuttgart 1974, 103.

[16] Vgl. statt dessen etwa *Ress*, Verfassungs- und völkerrechtliche Überlegungen zum Viermächte-Abkommen über Berlin vom 3. September 1971 und den innerdeutschen Ausführungsvereinbarungen, in: *Doehring-Ress*, Staats- und völkerrechtliche Aspekte der Berlin-Regelung, Frankfurt 1972, 29 ff., oder *Schiedermair*, a. a. O. (Anm. 7), 177 ff.

zweierlei als – wie mir scheint – eindeutigen Befund für den Staatsrechtler festhalten. Einmal, daß Staatsgewalt im westlichen Teil der Stadt grundsätzlich nur unter einer besatzungsrechtlichen Glocke ausgeübt werden kann, und zwar ausschließlich von Berliner Institutionen, nicht dagegen von durch das Bonner Grundgesetz unmittelbar legitimierten Bundesorganen. Wirkungen in Berlin können Gesetzgebungs- oder Regierungsakte des Bundes grundsätzlich nur entfalten, wenn sie zumindest eine logische Sekunde durch Berliner Institutionen zu Akten der Staatsgewalt in Berlin transformiert worden sind[17].

Aber nicht nur dieser „Regierungsvorbehalt" scheint mir in seiner grundsätzlichen Konsequenz eindeutig. Eindeutig scheint mir auch, daß mit der ständig wiederholten Formel, die West-Sektoren Berlins seien kein „constituent part", kein „élément constitutif" der Bundesrepublik, kein völkerrechtliches Verbotsschild gegen die Begründung staatsrechtlicher Beziehungen zwischen dem freien Teil Berlins und der Bundesrepublik aufgerichtet worden ist. Oder, anders formuliert: Diese Formel schließt die staatsrechtliche Qualifizierung des westlichen Teils der Stadt als ein, wenn auch mit erheblichen Besonderheiten und Einschränkungen belastetes Land der Bundesrepublik Deutschland, nicht aus. Sowohl der Wortlaut – es ist eben nicht schlicht die Rede von einem Teil, sondern von einem konstitutiven, von einem „unverzichtbaren" Teil – wie die ratio des ständig wiederholten Vorbehaltes – der nach meinem Verständnis nichts anderes bedeutet als daß die völkerrechtliche, die besatzungsrechtliche Zuordnung und Ableitung der Regierungsgewalt in Berlin durch die staatsrechtliche Einbeziehung des westlichen Teils in den föderativen Verbund der Bundesrepublik Deutschland nicht gestört werden darf –, verlangen zwar eine Respektierung der Sonderstellung Berlins mit allen sich daraus notwendig ergebenden Konsequenzen, aber auch nicht mehr, und schließen deshalb eine diese Sonderstellung respektierende staatsrechtliche Einbeziehung von Berlin (West) in die Bundesrepublik nicht aus. Es muß hier dahinstehen, wie man diese staatsrechtliche Beziehung im einzelnen qualifiziert, ob man etwa der vom Bundesverfassungsgericht und der Mehrheit im Schrifttum vertretenen Integrationstheorie oder aber anderen Spielarten theoretischer Qualifizierung zuneigt[18].

Feststellen möchte ich in diesem Zusammenhang nur, daß die einer vollständigen staatsrechtlichen Integration des westlichen Teils der Stadt in die Bundesrepublik Deutschland entgegenstehenden – offensichtlichen

---

[17] Dazu und zu den in der Literatur durchaus unterschiedlichen Auffassungen, *Zivier*, a. a. O. (Anm. 7), 71 ff.

[18] Vgl. die kurze Darstellung der unterschiedlichen theoretischen Ansatzpunkte bei *von Lampe*, a. a. O. (Anm. 10), Rdn. 29 ff.

– völkerrechtlichen Hemmnisse nicht dazu zwingen, die von Wengler begründete „Als-ob-Theorie" etwa als den die äußersten völkerrechtlichen Grenzen ausreizenden Erklärungsversuch für die Bindungen Berlins an den Bund zu betrachten. Soweit reichen nach meiner Überzeugung die besatzungsrechtlichen Zwänge nicht[19].

Damit aber kommt man hinsichtlich des Status von Berlin zu dem kaum überraschenden Ergebnis, daß hier – wie auch im Hinblick auf Deutschland als Ganzem – eine typische Gemengelage entstanden ist, die mit Kategorien wie schwarz oder weiß, staatsrechtlich oder völkerrechtlich nicht wirklich zu erfassen ist. Vielmehr schieben sich völkerrechtliche und staatsrechtliche Umrisse in- und übereinander und geben ein insgesamt unscharfes, den der „reinen" Lehre verpflichteten Theoretiker zur Verzweiflung treibendes, einen lebenden Organismus in all seiner Kompliziertheit aber doch recht genau beschreibendes Bild. Daß dieses Bild verwirrend und einfachen Erklärungsversuchen nicht zugänglich ist, enttäuscht nur den Juristen, der nicht in der Nachfolge Pufendorfs[20] gelernt hat, mit Monstren umzugehen. Entscheidend ist, daß die unterschiedlich eingefärbten Pauspapiere, die man übereinander legen muß, um den Rechtsstatus von Berlin zuverlässig zu beschreiben, keine hart durchgezogenen Linien aufweisen dürfen, die sich widersprechen. Einen solchen Widerspruch sehe ich nicht, wenn man sich hinsichtlich des Status von Berlin auf die Linienführung konzentriert, die ich hier nur andeuten konnte[21]. Nur eindeutige Widersprüche aber würden eine Korrektur erforderlich machen. Hinnehmbar und auszuhalten sind dagegen die Spannungen, die sich aus dem unterschiedlichen Ausfüllen dieser Umrisse auf den beiden Blättern ergeben. In Deutschland haben wir mit diesen Spannungen zu leben gelernt. Wenn etwa das Bundesverfassungsgericht in seinem Urteil vom 31. Juli 1973 zum Grundvertrag die innerdeutsche Grenze als „eine staatsrechtliche Grenze ... ähnlich denen, die zwischen den Ländern der Bundesrepublik Deutschland verlaufen ...[22]" bezeichnet, oder wenn es im gleichen Urteil dem Grundvertrag einen Doppelcharakter zuspricht, nämlich den eines völkerrechtlichen Vertrages einerseits

---

[19] Die Position von *Wengler* wird besonders deutlich in seinem Beitrag „Juristische Luftbrücken von Karlsruhe nach West-Berlin", Juristen-Zeitung 1974, 528 ff.

[20] Das genaue Zitat Samuel von Pufendorfs lautet:
„Nihil ergo aliud restat, quam ut dicamus, Germaniam esse irregulare aliquod corpus et monstro simile ..."
Zitiert nach *Bernhardt*, a. a. O. (Anm. 9), 51.

[21] Ausführlich werden diese Linien von *Schiedermair* in seiner Habilitationsschrift, a. a. O. (Anm. 7) verfolgt. Auch er kommt – wie die ganze überwiegende Literatur – zu einem vergleichbaren Ergebnis.

[22] Entscheidungen des Bundesverfassungsgerichts, Band 36, 1 (26).

und eines inter se-Beziehungen regelnden Vertrages auf der anderen Seite[23], so scheint es sich zunächst um Feststellungen zu handeln, die im Widerspruch zum Völkerrecht stehen: Denn für den Völkerrechtler ist die innerdeutsche Grenze zweifellos eine völkerrechtliche Grenze, der Grundvertrag zweifellos ein völkerrechtlicher Vertrag. Dieser scheinbare Widerspruch löst sich jedoch auf, wenn das Bundesverfassungsgericht selbst gleichzeitig zu erkennen gibt, daß alle wesentlichen Konsequenzen, die das Völkerrecht mit der Existenz einer Grenze oder aber mit dem Abschluß eines Vertrages verbindet, auch nach seiner Auffassung für die innerdeutsche Grenze bzw. den Grundvertrag Geltung haben[24]. Damit aber wird aus einem nicht akzeptablen Widerspruch ein tolerables Spannungsverhältnis zwischen der völkerrechtlichen und der staatsrechtlichen Perspektive, aus der heraus der gleiche Gegenstand bzw. der gleiche Vorgang beurteilt wird. Es steht für mich außer Frage, daß das Völkerrecht überall da, wo derartige Gemengelagen auftreten, den Zugriff des Staatsrechts toleriert, wenn dieser Zugriff sich innerhalb des Rahmens hält, den das Völkerrecht diesem Zugriff setzt.

Insgesamt: Ich halte die Bemühungen, die Berlin und der Bund in den letzten Jahrzehnten auf den unterschiedlichsten Ebenen unternommen haben, um die Bindungen zwischen dem Westteil Berlins und der Bundesrepublik nicht nur besonders engmaschig zu knüpfen, sondern auch als staatsrechtliche Bindung zu qualifizieren, nicht nur für völkerrechtlich zulässig, ich halte sie für politisch verständlich, ja selbstverständlich. Und der Sinn und Zweck dieser Bemühungen ist so offensichtlich, daß er – entgegen der Auffassung von Pestalozza – wohl kaum einem Bürger in Berlin oder in der Bundesrepublik noch erklärt werden muß. Für ebenso selbstverständlich halte ich allerdings, daß diese Bemühungen den völkerrechtlichen Status zu respektieren haben. Dieser Respekt ist eine Selbstverständlichkeit, wenn man berücksichtigt, in welchem Maße die Sicherheit und die Existenz dieser Stadt von der Präsenz der Siegermächte abhängt, oder, konkret, wie sehr wir hier im westlichen Teil der Stadt des Schutzes in der Form der Anwesenheit der drei Westmächte bedürftig sind. Daß die eine und die andere Lebenslinie dieser Stadt im Ablauf der praktischen Politik von Zeit zu Zeit in Konflikt geraten, ändert nichts an der Zuverlässigkeit der Feststellung, daß beide Linien rechtlich miteinander vereinbar sind. Daß sie uns, vor allem uns Juristen das Leben schwer machen, ist sicher ein Nachteil – aber ist auch das Kennzeichen der besonderen Situation und Funktion dieser Stadt.

---

[23] Ebenda, 24.

[24] Ebenda, 24 bzw. 26. Dazu *Ress,* Die Rechtslage Deutschlands nach dem Grundlagenvertrag vom 21. Dezember 1972, Berlin 1978, 186 ff.

3. Berliner Bewegungsspielräume

Ich möchte mich nun meinem zweiten Anliegen zuwenden, nämlich der Frage nach dem Bewegungsspielraum, der Berlin für Kontakte mit der anderen Seite, mit Repräsentanten der DDR zur Verfügung steht. Dabei ist Anlaß meiner Betrachtung der Besuch des Regierenden Bürgermeisters beim Staatsratsvorsitzenden der DDR und die sich anschließende Diskussion.

Lassen Sie mich zunächst in allgemeiner Form den Rahmen abstecken, in dem sich Kontakte über die Mauer vollziehen. Bei der Beschreibung dieses Rahmens möchte ich fünf Ebenen unterscheiden: die Ebene der Siegermächte, die Ebene zwischen der Bundesregierung und der Regierung der DDR, die Ebene zwischen dem Berliner Senat und der Regierung der DDR, die Ebene zwischen dem Berliner Senat und dem Magistrat von Ost-Berlin und schließlich die Ebene der freien, der inoffiziellen Kontakte zwischen Repräsentanten des politischen Establishments diesseits und jenseits der Mauer. Daß die Ebene der Siegermächte fast 40 Jahre nach Kriegsende noch existiert, ist ungewöhnlich, aber zugleich typisch für die ungewöhnliche Situation Berlins und Deutschlands. Das Vier-Mächte-Abkommen ist Beleg für die unveränderte Bedeutung dieser Ebene. Die Ebene der Regierungskontakte zwischen der Bundesrepublik Deutschland und der DDR ist die Ebene, auf der sich normalerweise zwischenstaatliche Kontakte vollziehen. Die Ebene der Beziehungen zwischen dem Senat von Berlin und der Regierung der DDR ist eine Ebene, auf der sich auch zwischen anderen Landesregierungen und dritten Staaten im Rahmen des Artikels 32 Abs. 3 GG vertragliche und sonstige Beziehungen entwickeln können. Die besondere Bedeutung dieser Ebene ergibt sich aus der besonderen – geographischen, politischen und rechtlichen – Lage Berlins. Die vierte Ebene, die von Stadtverwaltung zu Stadtverwaltung, ist eine bisher kaum genutzte Kontaktschiene. Die fünfte Ebene schließlich, die der inoffiziellen Kontakte, ist erneut etwas durchaus Übliches: Kontakte über Grenzen werden keineswegs immer nur auf Regierungsebene hergestellt. Auch diese Ebene gewinnt ihre Besonderheit aus dem Umstand, daß diese Kontakte in Berlin stattfinden und deshalb die Mauer überspringen müssen, die die Freie Welt vom sozialistischen Herrschaftsbereich trennt.

Die Ebene, der ich mich zuwenden möchte, ist die dritte, die „schiefe" Ebene, die der Kontakte zwischen dem Senat von Berlin und der Regierung der DDR. Rechtlich dürfte diese Ebene die interessanteste sein. Aber auch politisch ist diese Ebene nicht nur für Berlin selbst von großer Bedeutung. Auf ihr ist der Bewegungsspielraum zu markieren, der dem Senat von Berlin selbst bei seinen Kontakten mit der Regierung der DDR zugebilligt werden kann.

Lassen Sie mich bei der Beschäftigung mit dieser Ebene die wichtigste Voraussetzung für jede Bewegung des Berliner Senats gegenüber der DDR mit aller Deutlichkeit vorab formulieren: Berlin kann keine eigene Berlin- oder Deutschland-Politik machen. Berlin ist auch insoweit eingebunden in die Verfassungsordnung der Bundesrepublik Deutschland, die die Pflege der auswärtigen Beziehungen ebenso wie die der Beziehungen zu Völkerrechtssubjekten, die nach dem Verständnis der Bundesrepublik nicht Ausland sind, dem Bund und nicht den Ländern zuweist.

Das besagt, wie wir alle wissen, allerdings nicht, daß die Länder nicht im Einzelfall vertragliche oder sonstige Beziehungen zu Völkerrechtssubjekten außerhalb des Geltungsbereiches des Grundgesetzes aufnehmen könnten. Artikel 32 Abs. 3 GG schafft insoweit – als Ausnahmeregelung – durchaus einen gewissen Bewegungsspielraum für die Länder[25]. Aber jede Tätigkeit der Länder in diesem Bereich kann nur mit Zustimmung des Bundes, kann nur unter dem „Bundesdach" erfolgen. Das bedeutet konkret, daß die vorherige Zustimmung, daß der „Auftrag" des Bundes in jedem Einzelfall vorliegen muß, um eine die Grenzen der West-Sektoren Berlins überschreitende „diplomatische" Aktivität des Senats als nach innerdeutschem Verfassungsrecht zulässig und akzeptabel erscheinen zu lassen.

Aber diese verfassungsrechtliche Einbindung ist nicht die einzige Schranke für eine Berliner Berlin- und Deutschlandpolitik. In Berlin kommt, und das ist nach den vorangegangenen Erörterungen eigentlich eine Selbstverständlichkeit, zu dem in jedem Fall notwendigen Bundesdach die Vier-Mächte-Verantwortung hinzu, die sich zumindest für alle Fragen der praktischen Politik heute als eine Drei-Mächte-Verantwortung für den westlichen Teil der Stadt darstellt. Typischen Ausdruck findet diese Selbstverständlichkeit etwa in Annex IV des Vier-Mächte-Abkommens, in dem die Drei Mächte noch einmal deutlich machen, daß die Außenvertretung der West-Sektoren Berlins und ihrer Bewohner durch sie wahrgenommen wird, und daß dieses bei den Drei Mächten liegende Recht der Außenvertretung nur gleichsam für die laufenden Angelegenheiten, soweit diese nicht "matters of security and status" betreffen, der Bundesrepublik zur Ausübung übertragen wird[26]. Mit anderen Worten: Es steht verfassungsrechtlich ebenso wie völkerrechtlich außer Frage – und sollte auch in der praktischen Politik außer Frage stehen –, daß jeder unmittelbare und offizielle Kontakt des westlichen Teils der Stadt mit der

---

[25] Zur Auslotung dieses Bewegungsspielraumes vgl. etwa *Rojahn* in: *von Münch*, Grundgesetz-Kommentar, Band 2 München 1983, Art. 32, Rdn. 2 ff.

[26] Inhalt und Reichweite dieser Ausschlußklausel, soweit Sicherheit und Status von Berlin in Frage stehen, erörtert *Schiedermair*, a. a. O. (Anm. 7), 136 ff.

DDR der vorherigen Abstimmung sowohl mit den Drei Mächten wie mit Bonn bedarf, um sich in dem rechtlichen Rahmen zu halten, der entsprechenden Initiativen eindeutig gesetzt ist. Eine dieser klaren Rechtslage widersprechende Haltung des Senats würde zumindest langfristig die Bewahrung des Status von Berlin erschweren. Diese Feststellung gilt, obwohl infolge mangelnder Kompetenz an sich weder Berlin noch Bonn dem ihrem Zugriff entzogenen Vier-Mächte-Status von Berlin etwas „anhaben“ können[27]. Sie gilt, und zwar sowohl rechtlich wie politisch, weil bei jedem Kontakt zumindest der Eindruck entsteht, die vorherige Zustimmung des Souveräns, also der Drei Mächte, zu diesem Kontakt habe vorgelegen. Schon der so erzeugte Rechtsschein aber würde auf Dauer dazu führen, daß das zumindest scheinbar von den Drei Mächten tolerierte Vorgehen als „subsequent practice“ im Sinne von Artikel 31 Abs. 3 der Wiener Vertragsrechtskonvention zu einer für uns nicht akzeptablen Auslegung des Vier-Mächte-Abkommens herangezogen werden könnte[28].

Nachdem auf diese Weise der äußere Rahmen abgesteckt ist, innerhalb dessen sich nach meiner Auffassung jede eigene Aktivität des Berliner Senats in Richtung auf Ost-Berlin zu halten hat, stellt sich die weitere –

---

[27] Da weder Bonn noch Berlin Vertragspartner des Viermächte-Abkommens sind, haben sie auch keinerlei Zugriff auf eine inhaltliche Veränderung des Vertrages insgesamt und seiner einzelnen Klauseln: Es handelt sich um eine „res inter alios acta“.

[28] Art. 31 der Wiener Vertragsrechtskonvention lautet:

"General rule of interpretation

1. A treaty shall be interpreted in good faith in accordance with the ordinary meaning to be given to the terms of the treaty in their context and in the light of its object and purpose.
2. The context for the purpose of the interpretation of a treaty shall comprise in addition to the text, including its preamble and annexes:
   a) any agreement relating to the treaty which was made between all the parties in connexion with the conclusion of the treaty.
   b) any instrument which was made by one or more parties in connexion with the conclusion of the treaty and accepted by the other parties as an instrument related to the treaty.
3. There shall be taken into account, together with the context:
   a) any subsequent agreement between the parties regarding the interpretation of the treaty or the application or its provisions;
   b) any subsequent practice in the application of the treaty which establishes the agreement of the parties regarding its interpretation;
   c) any relevant rules of international law applicable in the relations between the parties.
4. A special meaning shall be given to a term if it is established that the parties so intended."

und, wie ich finde, interessantere – Frage, welcher Bewegungsspielraum denn konkret innerhalb dieses Rahmens für von Berlin ausgehende Initiativen auszumachen ist.

Versucht man, die Stellung Berlins innerhalb des deutsch-deutschen Dialogs zu beschreiben, soweit es um die Praxis der 60er und 70er Jahre geht, so wird man nach meinem Eindruck zweierlei als Kennzeichen der besonderen Berliner Position herauszustellen haben. Einmal, daß die gerade von Berlin ausgehenden Bemühungen um die Wahrung des Status dieser Stadt sowohl im innerdeutschen Gespräch wie bei den außenpolitischen Aktivitäten der Bundesrepublik gegenüber dem Ostblock eine gewisse Bremsfunktion hatten, eine Bremsfunktion, die häufig jede Bewegung in Richtung auf eine an der jeweiligen Sache orientierte Regelung von grenzüberschreitenden Problemen behinderte, manchmal sogar verhinderte. Als außenstehender Beobachter hatte man oft den Eindruck, daß die von Berlin selbst so heftig betonte Bedeutung des Statusdenkens auch durchaus positive Veränderungen des status quo verhinderte oder doch erschwerte. Aber nicht nur das. Berlin geriet nach meinem Eindruck in Gefahr, gleichsam als statusrechtlicher Zeigefinger lästig zu fallen. In Berlin wurde darüber hinaus immer wieder versucht, die eigene Rechtsposition zu Lasten der Rechtsposition der anderen Seite durchzusetzen, und über diesem Bemühen um den Status geriet die Sache, die jeweils anstand, zusätzlich in den Hintergrund. Diese Fixierung auf ein juristisches „roll back" hat, verbunden mit dem statusrechtlichen Zeigefinger, insgesamt dazu geführt, daß bei der Entwicklung der innerdeutschen Beziehungen Berlin sich nicht als Motor, sondern als Bremse aufführt.

Nun wird man sicher einwenden: Diese Rolle Berlins, selbst wenn sie richtig beschrieben wäre, kommt nicht von ungefähr. Sie ist Berlin aufgezwungen worden, aufgezwungen durch eine politisch und rechtlich gleichermaßen schwierige Lage und durch ein Gegenüber, das im Zweifel auch heute noch das langfristige politische Ziel verfolgt, den westlichen Teil der Stadt seinen Schutzmächen ebenso wie der Bundesrepublik zu entfremden.

Auch wenn ich diese Lageeinschätzung weithin teile, gibt es für mich durchaus eine Alternative zu einer Politik, die aus der Defensive heraus den status quo ängstlich zu bewahren sucht. Und mir scheint, daß man auch aus juristischer Sicht sich durchaus für eine solche Alternative entscheiden kann, ohne den vorgegebenen staats- und völkerrechtlichen Rahmen zu sprengen. Zwar sind Statusfragen ein besonders empfindlicher, für Konzessionen kaum Raum lassender und außerdem ganz eindeutig außerhalb der Reichweite der Berliner Zuständigkeit liegender Bereich. Das haben mit Recht auch in jüngster Zeit die Drei Mächte, die Bundesregierung und der Berliner Senat wiederholt und übereinstimmend klargestellt[29]. Die Frage, die es jedoch gerade im westlichen Teil der Stadt aufzuwerfen lohnt, ist die, ob nicht unterhalb der Ebene, auf der die Statusdiskussion zu führen ist, Bewegungsspielräume existieren, die es erlauben, das Beziehungsgeflecht zwischen dem westlichen und dem östlichen Teil der Stadt auch über die Mauer hinweg wieder dichter und vor allem menschlicher zu machen. Mit anderen Worten: Mir scheint, daß in Berlin heute intensiver als früher der Frage nachgegangen werden sollte – und nachgegangen wird –, ob die eigene Rolle dieser Stadt im innerdeutschen Gespräch nicht die des Ausspähers, des Kundschafters möglicher Entwicklungslinien sein kann. Muß eine Politik, die den Status von Berlin unter keinen Umständen zu Lasten der westlichen Position verändern, die also den rechtlichen status quo· verteidigen will, ihrererseits notwendig statisch sein? Schützt nicht der Versuch, möglichst viele Sachprobleme im Interesse der betroffenen Menschen diesseits und jenseits von Mauer und Stacheldraht einer Lösung zuzuführen, ohne in jedem Fall gleichzeitig Statusprobleme regeln zu wollen, im Ergebnis auch den Status wirksamer als eine Politik, die aus lauter Vorsicht in Gefahr gerät, den Status zum Selbstzweck werden zu lassen?

Lassen Sie mich an dieser Stelle Richard von Weizsäcker zitieren, und zwar aus seinem Beitrag zur Debatte im Deutschen Bundestag über die Lage der Nation am 9. September 1982:

> „Den Weg in die Zukunft kennt niemand. Um so weniger wollen wir als Berliner unsere Rolle anmaßend verstehen. Aber es ist unsere Aufgabe, Gewissen zu sein für die offene deutsche Frage, für die Zusammengehörigkeit der Deutschen; denn in der historischen Dimension wird die Teilung keinen Bestand haben. Die Menschen, die in der Mitte leben, sind zur Trennung nicht geschaffen. Ihr Wille, die Teilung Europas, Deutschlands und Berlins im Frieden und im Dienste des Friedens zu überwinden, ist stärker. Die Mitte kann auf die Dauer nicht Grenze bleiben[30]."

Wenn man so die Ziele der Deutschlandpolitik definiert, und wenn man Berlin in der so definierten Deutschlandpolitik eine so wichtige Rolle zuweist, dann ist es kaum vorstellbar, daß man einen aus Besorgnis geborenen Drang, alles abzuwehren, was auch nur möglicherweise den

---

[29] Vgl. dazu etwa die jährlich dem Berliner Abgeordnetenhaus vom Senat zu erstattenden Berichte „über Durchführung des Viermächte-Abkommens und der ergänzenden Vereinbarungen", z. B. Drucksache 8/467 vom 27. Juni 1980, Drucksache 9/62 vom 7. Juli 1981, Drucksache 9/655 vom 16. Juli 1982 und Drucksache 9/1247 vom 19. August 1983. In diesen Berichten wird einerseits die allgemeine politische Entwicklung in Berlin, werden andererseits aber auch sehr konkret die im Berichtsjahr zu verzeichnenden Einzelereignisse dargestellt.

[30] Zitiert nach *Richard von Weizsäcker*, Die deutsche Geschichte geht weiter, Berlin 1983, 297 ff.

Status Berlins tangieren könnte, zur Maxime einer zukunftsorientierten Berlin- und Deutschlandpolitik macht, einer Politik, in der Berlin nicht nur Objekt, sondern auch Subjekt ist, ein Subjekt, dessen Funktion in dem Ausmachen und dem Erproben neuer Entwicklungslinien deutsch-deutscher Beziehungen liegt.

Ich möchte gerne an einigen Beispielen deutlich machen, wo ich – innerhalb des aufgezeigten Rahmens – Bewegungsspielräume und wo ich relativ starre Grenzen sehe.

Mein erstes Beispiel ist Weizsäckers Besuch bei Honecker im September 1983. Der Besuch war ein Novum. Statusrechtliche Bedenken gegen diesen Besuch, der dazu beigetragen hat, sowohl die innerdeutschen Beziehungen wie die Kontakte über die Mauer hinweg von Irritationen freizuhalten, die aufgrund der west-östlichen Großwetterlage zunächst fast unvermeidlich schienen, teile ich nicht. Dabei gehe ich in meiner rechtlichen Wertung zunächst davon aus, daß dieser Besuch sowohl mit den Drei Mächten wie mit der Bundesregierung – und dem Ständigen Vertreter der Bundesregierung in Ost-Berlin – abgestimmt war. Ich gehe weiter davon aus, daß beide Seiten vor und nach diesem Besuch glaubhaft versichert haben, keinerlei statusrechtliche Konsequenzen aus diesem Besuch abzuleiten. Statusfragen blieben vielmehr vor der Klammer – darüber waren sich beide Seiten einig[31]. Herr Honecker hat dies in seinem am 3. November 1983 im „Stern" veröffentlichten Gespräch mit Peter Scholl-Latour ausdrücklich noch einmal bestätigt. Ich zitiere:

> „Ich habe keine neuen Vorstellungen zum Verhältnis der DDR zu West-Berlin. Ich schätze allerdings den Besuch von Herrn Weizsäcker in Berlin sehr hoch ein, denn das ist die erste Begegnung auf dieser Ebene gewesen. Statusfragen haben bei dieser Begegnung überhaupt keine Rolle gespielt. Sie werden auch in Zukunft keine Rolle spielen. Für uns ist das vierseitige Abkommen vom 3. September 1971 über West-Berlin maßgebend. Ich denke, daß die Begegnung mit Herrn Weizsäcker dazu beitragen wird, das Verhältnis West-Berlins zur DDR weiterhin zu verbessern[32]."

Natürlich kann man der anderen Seite unterstellen, daß für sie der Stellenwert derartiger Zusagen nicht sehr hoch ist. Aber eine solche Unterstellung führt zwangsläufig dazu, daß jede Art von Kontakt fragwürdig wird und besser unterbleibt. Andererseits kann selbst ein Abgehen der DDR von diesen Aussagen des Staatsratsvorsitzenden nichts daran ändern, daß zumindest dieser Besuch völkerrechtlich nicht als ein

---

[31] Vgl. die entsprechenden Äußerungen von Weizsäckers in der Berliner und westdeutschen Presse vom 16. September 1983.

[32] Vgl. den „Stern" vom 3. November 1983, 27.

statusrechtlich relevanter Vorgang zitiert werden kann[33]. Diesen Befund ändert auch nicht der von manchen Beobachtern als belastend empfundene „Schönheitsfehler", der in der Anwesenheit des Besuchsbeauftragten und Leiters der Abteilung „West-Berlin" im Außenministerium der DDR, Müller, bei einem Teil der Gespräche besteht[34].

Anders wäre der Vorgang völkerrechtlich dann zu beurteilen, wenn man feststellen müßte, daß trotz ständiger gegenseitiger Versicherungen, den Status insgesamt nicht tangieren zu wollen, die Praxis der Beziehungen eine andere Sprache spräche, eine Sprache, die den Statusvorbehalt zu einer letztlich leeren und damit auch rechtlich bedeutungslosen Hülse werden ließe[35]. Aber besteht tatsächlich die Gefahr des Arguments „venire contra factum proprium" angesichts der unstreitig fortbestehenden Rechte und Verantwortlichkeiten der Siegermächte für Deutschland als Ganzes und Berlin, deren Verankerung im politischen Alltag sicher schwächer geworden ist, aber deren reale Bedeutung niemand ernsthaft in Frage stellt? Außerdem: Ein Abkoppeln des rechtlichen Status von der politischen Realität ist auch in umgekehrter Weise, also so vorstellbar, daß die politische Großwetterlage in Europa über bestimmte Befindlichkeiten in Berlin einfach hinweggeht, wenn diese Befindlichkeiten sich allzusehr von der Großwetterlage entfernen. Eine Vogel-Strauß-Politik birgt Risiken, die sich von denen eines übertriebenen politischen Aktivismus nicht notwendig unterscheiden.

Mein zweites Beispiel sind die soeben erfolgreich abgeschlossenen Verhandlungen über die S-Bahn. Das, was auch aus statusrechtlichen Gründen über Jahrzehnte undenkbar schien, ist 1984 Realität geworden. Statusrechtlich interessant ist in dieser Vereinbarung, die von einem Vertreter der Deutschen Reichsbahn im Ministerium für Verkehrswesen auf der einen und einem Vertreter des Berliner Senats auf der anderen

---

[33] Einmal gemachte Äußerungen und Versicherungen eines Staatsoberhauptes können völkerrechtlich nicht dadurch „revidiert" werden, daß man sich später an sie nicht erinnert oder sich einfach anders verhält.

[34] Bei dieser Kritik wurde gerne übersehen, daß Müller eben nicht nur Abteilungsleiter „West-Berlin" im Außenministerium, sondern auch „Besuchsbeauftragter", also auf der Seite der DDR der offizielle Gesprächspartner des Senats für alle den Besucherverkehr zwischen dem östlichen und westlichen Teil der Stadt betreffenden Fragen ist. Irritierende Doppelzuständigkeiten sind ein häufig anzutreffendes Mittel östlicher Diplomatie.

[35] Angesichts des 1971 den Sonderstatus von Berlin noch einmal vertraglich fixierenden Viermächte-Abkommens und angesichts der Tatsache, daß auch im politischen Raum von niemandem der jetzige Zustand von Berlin als Dauer- und Endzustand angesehen wird, ist die Gefahr, daß der Status-Hinweis in absehbarer Zeit zur leeren Hülse wird, nicht besonders groß.

Seite abgeschlossen worden ist, vor allem der Abschnitt I der Vereinbarung. In Ziffer 2 dieses Abschnittes wird ausdrücklich festgestellt:

> „Statusfragen bleiben durch diese Vereinbarung unberührt."

Aber nicht nur das. In Ziffer 1 dieses Abschnittes ist nicht etwa von einer Übergabe der S-Bahn von der Reichsbahn an den Berliner Senat die Rede, sondern es wird schlicht und einfach festgestellt:

> „Die Deutsche Reichsbahn – Reichsbahndirektion Berlin – wird den Betrieb der S-Bahn in Berlin (West) am 9. Januar 1984, 3.00 Uhr, einstellen.
> Die Betriebsführung einschließlich der Unterhaltung, Verkehrssicherung oder Nutzung aller S-Bahnstrecken nebst den dazugehörigen Anlagen, Einrichtungen und Betriebsmitteln wird vom gleichen Zeitpunkt an von einer vom Senat zu bestimmenden Stelle aus Berlin (West) wahrgenommen[36]."

Damit aber folgt die Vereinbarung über die S-Bahn dem auch für den Weizsäcker-Besuch bei Honecker entwickelten Muster: Statusfragen werden ausdrücklich ausgeklammert und vor die Klammer gezogen, innerhalb der man sich sodann im beiderseitigen Interesse über Sachfragen so einigt, daß jeder bei seinen Rechtsbehauptungen bleiben kann.

Die verkehrs- und allgemeinpolitische Bedeutung der Vereinbarung über die S-Bahn wird ganz sicher nicht durch den Umstand geschmälert, daß die DDR mit der S-Bahn steigende Millionen-Defizite einfuhr, die zudem in DM zu bezahlen waren. Unverzichtbar für das Zustandekommen dieser Vereinbarung war die beiderseitige Bereitschaft, die S-Bahn nicht zu einem Gegenstand zu machen, an dem beide Seiten ihre unterschiedlichen Auffassungen über den Rechtsstatus von Berlin zu exemplifizieren suchten.

Für mich sind die beiden hier nur angedeuteten Beispiele eines relativ engen Kontaktes zwischen dem westlichen Teil der Stadt und der DDR durchaus Beleg dafür, daß der Bewegungsspielraum, den der statusrechtliche Rahmen läßt, größer ist, als man in der Vergangenheit annahm. Sie sind darüber hinaus aber auch Beleg dafür, daß von Berlin aus Anstöße in der Berlin- und Deutschland-Politik ausgehen können, die weit über die Stadt hinaus Wirkungen entfalten, ohne übergeordnete Verantwortlichkeiten in Frage zu stellen.

In meinem Plädoyer für mehr Beweglichkeit unterhalb der Ebene des Status sollten allerdings auch deutlich die Grenzen angesprochen werden, die dieser Bewegungsfreiheit in jedem Fall gesetzt sind. Mit großer Deutlichkeit scheinen diese Grenzen z. B. auf bei jedem Gedanken daran,

---

[36] Text der Vereinbarung zitiert nach einer entsprechenden Veröffentlichung des Presse- und Informationsamtes des Landes Berlin vom 29. Dezember 1983.

die Frage der Staatsangehörigkeit der Berliner zu einem west-östlichen Gesprächsgegenstand zu machen. Zutreffend kommt Dieter Schröder in seinem Aufsatz „Besatzungsgewalt und Personalhoheit“[37] noch vor wenigen Monaten zu dem Ergebnis, daß

> „alle vier Mächte darauf sehen, daß die Frage der Personalhoheit über die Deutschen in beiden Teilen Berlins so weit offengehalten wird, daß die Fortexistenz einer deutschen Staatsangehörigkeit im völkerrechtlichen Sinne nicht ausgeschlossen wird[38].“

Jeder Versuch, den gegenwärtigen Zustand zu verändern, würde zwangsläufig die Rechte und Verantwortlichkeiten aller vier Mächte tangieren und bleibt deshalb für beide Seiten außerhalb der Reichweite dessen, was Anregungen und Anstößen aus Berlin zugänglich ist[39].

Ebenso stoßen alle Überlegungen, dem mehr oder minder unkontrollierbaren Zufluß von Asylanten über den östlichen in den westlichen Teil der Stadt dadurch einen Riegel vorzuschieben, daß man eine Vereinbarung dahin anstrebt, die östlichen Grenzkontrollmechanismen stärker einzuschalten[40], auf erhebliche Bedenken. Gegen ein solches Unterfangen spricht nicht nur das politische Argument, daß man sich der Kontrollmechanismen der DDR auch nicht da bedienen sollte, wo sie einem ausnahmsweise einmal in den Kram passen. Gegen dieses Unterfangen spricht auch, daß diese Grenzkontrollen sowohl der von den drei Mächten aufrechterhaltenen Fiktion von der einen Stadt wie dem Umstand widersprechen, daß für Zugangsfragen nun tatsächlich die Ebene der Siegermächte und nicht die der Beziehungen zwischen dem Berliner Senat und der Staatsführung der DDR zuständig ist. Hier müssen ganz andere, insbesondere nach Bonn weisende Wege beschritten werden, um insbesondere durch eine straffe verfahrensrechtliche Behandlung des grundgesetzlich gewährleisteten Asylanspruches Mißbräuchen vorzubeugen, Mißbräuchen, die Berlin immer wieder besondere Schwierigkeiten politischer und auch finanzieller Art beschert haben.

4. Schluß-Perspektive

Ich komme zum Schluß. Es ging mir im zweiten Teil meines Vortrages nicht darum, Einzelfragen mit statusrechtlichem Bezug zu erörtern und

---

[37] Archiv des Völkerrechts 21 (1983), 409 ff.

[38] A. a. o., 426.

[39] In diesem Sinne sehr deutlich auch etwa *Scholz*, Perspektiven der Deutschland-Politik, Deutschland-Archiv 1984, 258 ff.

[40] Vgl. zu einem solchen Vorstoß von Berlins Innensenator Lummer etwa die „Berliner Morgenpost“ vom 5. Januar 1984 und die „Frankfurter Rundschau“ vom 6. Januar 1984.

möglichst einer staats- und völkerrechtlich gleichermaßen vertretbaren Lösung zuzuführen. Es ging mir vielmehr darum, deutlich zu machen, daß der Respekt vor dem Vier-Mächte-Status von Berlin keineswegs zwangsläufig dazu führt, den status quo der politischen und rechtlichen Entwicklung als vorgegeben anzuerkennen und zu meinen, dieser Zustand sei auch nur durch eine möglichst vorsichtige Politik wirksam zu verteidigen. Berlin ist nicht nur eine nationale Aufgabe, Berlin hat auch eine nationale Aufgabe. In Berlin wird das deutsche Schicksal nicht nur greifbar für denjenigen, der mit dem Staats- und Völkerrecht umzugehen weiß und sich deshalb der Besonderheit der Situation in Berlin und Deutschland jederzeit bewußt ist. In Berlin wird deutsches Schicksal für jeden unmittelbar einsehbar, gleich ob er sich als Bürger oder als Besucher in dieser Stadt aufhält. Aber Berlin ist deshalb nicht nur ein Ort der Erinnerung an deutsche Größe und deutsche Hybris. Berlin weist auch in die Zukunft, stellt Fragen und bemüht sich um Antworten. Dieser nationalen Funktion aber kann Berlin nur gerecht werden, wenn es sich als ein mit Erkundungs- und Erprobungsaufträgen befaßter Vorposten begreift. Mir scheint der Dreiklang der Präambel des Vier-Mächte-Abkommens, nämlich das „taking into account" der bestehenden Lage, der Wunsch nach praktischen Verbesserungen und der Vorbehalt der jeweils eigenen Rechtsposition ein vernünftiges und auch praktikables Leitmotiv für das zu sein, was Berlin selbst tun kann. Je häufiger dieser Dreiklang angeschlagen wird, um so sicherer scheint mir die Zukunft des westlichen Teils der Stadt und um so größer die Chance, daß Berlin als Anreger und Motor seinen Teil zur Entwicklung der innerdeutschen Beziehungen tatsächlich erbringt.

Kolibri 360 GmbH
Ferdinand-Jühlke-Straße 7
99095 Erfurt, Deutschland
produktsicherheit@kolibri360.de